AF394509

LE SECRET

DE LA
BERGÈRE DE LA SALETTE

COMPLÉMENT DE NOTRE RÉPONSE

du 19 octobre 1880

A DOUZE *SEMAINES RELIGIEUSES* DE FRANCE

ET

Discussion de quelques incidents survenus depuis,

PAR

AMÉDÉE NICOLAS

avocat.

PRIX : 40 CENTIMES.

—◦◦❈◦◦—

NIMES
IMPRIMERIE CLAVEL-BALLIVET ET Cᵉ
12, — RUE PRADIER, — 12
—
1881

LE SECRET

DE LA

BERGÈRE DE LA SALETTE

COMPLÉMENT DE NOTRE RÉPONSE

du 19 octobre 1880

A DOUZE *SEMAINES RELIGIEUSES* DE FRANCE

ET

Discussion de quelques incidents survenus depuis,

PAR

AMÉDÉE NICOLAS

avocat.

PRIX : 40 CENTIMES.

—————oo⚇oo—————

NIMES

IMPRIMERIE CLAVEL-BALLIVET ET Cᵉ

12, — RUE PRADIER, — 12

—

1881

LE SECRET DE LA BERGÈRE DE LA SALETTE

COMPLÉMENT A NOTRE RÉPONSE

du 19 octobre 1880

A DOUZE *SEMAINES RELIGIEUSES* DE FRANCE

et

Discussion de quelques incidents survenus depuis.

I. — Les miracles et les prophéties sont des actes divins.
On ne doit pas croire, aveuglément, et sans preuves valables,
les faits et les paroles auxquels les esprits crédules attribuent
sans examen cette qualité. Mais, d'autre part, on ne doit
pas les repousser systématiquement, et comme par instinct.
Saint Paul nous dit, en termes exprès : « N'éteignez pas l'esprit.
Ne méprisez pas les prophéties. » (ɪ. Thes. ch. v, v. 19. 20).
Devant de pareils faits, l'homme doit être libre, sans pencher
d'un côté ou de l'autre. C'est seulement ainsi qu'il peut, suivant l'enseignement de l'apôtre, « *éprouver* ces choses extra-
» ordinaires, écarter ce qui est mauvais et retenir ce qui est
» bon » (Ibid. 21).

La Salette est tout à la fois *un miracle*, par le fait de l'apparition, et une *prophétie* par les secrets, qui en forment une
partie intégrante, une partie nécessaire, en l'état des paroles
que les jeunes pâtres ont rapportées dès les premiers jours (1).

---

(1) Lourdes est un miracle, seulement, elle ne contient pas de
prophétie.

Parmi les fidèles et les membres du clergé, les uns ont rejeté, dès l'abord, le miracle tout entier. Ils ont vu dans la Belle Dame, une simple mortelle, ou un démon. Conséquents avec eux-mêmes, ils ont rejeté les deux secrets.

D'autres, reconnaissant la Sainte-Vierge dans la Dame de la montagne, ont regardé comme venues du Ciel les paroles publiques, connues dès l'origine : mais ils ont rejeté la prophétie renfermée dans les paroles secrètes, dès le moment où elles leur ont été connues. Ils n'ont pu s'élever encore contre le secret de Maximin ignoré d'eux ; mais ils se sont révoltés contre celui de Mélanie, et cela *pour une seule cause, savoir: les reproches que cette pièce contient à l'adresse d'une portion du clergé.* Aussi ce sont des ministres des autels qui ont ouvert la protestation, et ont entraîné après eux des fidèles.

II. — En tout, il faut être raisonnable. Avant de repousser, on doit s'éclairer auprès de ceux qui peuvent vous renseigner sur les faits. Dans l'affaire de la Salette, on a suivi la marche contraire. On s'est éloigné avec soin, même avec scrupule, de ces personnes que l'on voyait auparavant, comme on ferait à l'égard d'excommuniés dénoncés. Ce n'était pas là un moyen de s'instruire ; c'était celui de ne jamais connaître la vérité.

III. — L'insurrection contre le secret de la Bergère s'est déclarée dans douze diocèses sur les quatre-vingts que possède la France continentale ; on savait que le vieux défenseur du prodige devait défendre le secret en l'expliquant. Pour cette cause, on se hâtait de créer, en divers lieux, *une atmosphère hostile.*

La composition *de cette Défense,* éprouva des retards forcés ; l'écrit ne put être achevé qu'à la fin de juillet 1880, et livré à l'impression que le 1er août.

Ceux qui repoussaient le secret seulement, parlèrent et agi-

rent comme ceux qui ne croyaient pas au miracle lui-même (1),
et Mgr Cortet, évêque de Troyes, depuis 1875, dénonça le secret à la congrégation de l'Index.

D'autres prélats se sont-ils joints, *ex post facto*, à cette dénonciation ? On le donne à entendre ; mais on n'en fournit
aucune preuve, on n'indique pas même la date de la plainte
formée par l'évêque champenois. Et cependant, en l'état des
choses, la connaissance de cette date aurait eu quelque importance.

Cette dénonciation à l'Index n'était pas dans le droit. Il ne
s'agissait pas de savoir si la publication de Mélanie contenait
quelque chose de contraire à la foi ou à la morale, mais de
savoir si le secret venait, ou non du Ciel, s'il constituait une
vraie ou fausse révélation ; car, dans cette dernière position,
la congrégation de l'inquisition, dite autrement le Saint-office,
dont le pape est toujours président, dont le cardinal-diacre
Prospero Caterini est secrétaire, malgré ses quatre-vingt-six
ans, était seule compétente d'après le cinquième Concile de
Latran.

L'Index fit sentir l'erreur commise. Il fallut porter la dénonciation *à l'inquisition*, ce qui amena nécessairement de nouvelles lettres de Mgr Cortet, et explique ces termes de
S. Em. le card. Caterini « *vos lettres* » (au lieu de votre lettre).

IV. — Le Saint-Office a-t-il condamné le secret comme contenant une révélation fausse ? Nullement. Connaissant les motifs qui avaient inspiré la plainte, il s'est borné à une simple

(1) Parmi les douze prélats, il y en a *quatre* qui, à notre propre
connaissance, n'ont jamais cru à l'apparition elle-même. On nous
affirme que *sur les huit autres, quatre* sont dans la même situation.
Si cela était, l'opposition au secret se composerait de *huit* évêques
incroyants à l'apparition elle-même et de *quatre* qui y croiraient.

mesure, tout en louant le zèle de son auteur, chose obligée et de style (car on a dû donner le zèle comme inspirateur de cette plainte, et Rome est la grande école de l'urbanité et des couvenances). Il a exprimé le désir de voir retirer des mains des fidèles « si c'était possible » c'est-à-dire si ces derniers voulaient bien consentir à s'en dessaisir, les exemplaires qu'ils possédaient, afin que ce secret n'arrivât pas par là, aux ennemis de l'Eglise. Il a déclaré avoir vu, avec *un grand déplaisir* (mais avec *déplaisir* seulement) cette pièce à la disposition des laïques, certain que les prêtres ne la livreraient pas à ceux qui leur sont hostiles. Mais aucune mesure de coercition n'a été prise. La destruction du secret n'a pas été ordonnée. Il n'a pas été prescrit de retirer les exemplaires qui seraient entre les mains de membres du clergé ; telle est la lettre du 14 août 1880, signée card. Catérini, adressée à Mgr l'évêque de Troyes. Il n'est dit nulle part qu'elle fût aussi écrite à d'autres prélats français. Et on peut en induire que c'est cet évêque qui en a donné copie à chacun, ou à quelques-uns de ses confrères de France.

Ces *douze Semaines religieuses* ne donnèrent cette lettre qu'en partie, la première, en indiquant par des points qu'elles cachaient la deuxième portion, dont la connaissance aurait permis au public de se fixer sur le vrai sens de la lettre entière, et aurait fermé la porte à toute équivoque. La plupart de ces *Semaines* conservèrent ces points ; mais quelques-unes les supprimèrent, peut-être parce qu'ils les gênaient, et les auraient empêchées de convertir cette lettre en *un jugement sévère, en une condamnation catégorique.*

V. — Pourquoi Mgr l'évêque de Troyes, qui aurait reçu seul la lettre signée Card. Catérini, ne l'a-t-il pas publiée le premier ? Pourquoi l'Evêque de Nimes a-t-il eu l'initiative et une avance de vingt jours sur son confrère ? C'est parce que, à Nimes, s'imprimait la *Défense du secret par son explica-*

tion. Là était le danger : il était urgent d'y parer ; déjà, dans la même ville, avait été publiée, en juillet, une brochure contenant, en faveur du secret, une remarquable lettre de Mgr Zola, Évêque de Lecce (Italie), un des directeurs de Mélanie, et si, à cette première publication venait s'en joindre une autre plus foncière, la cause de l'opposition au secret pouvait être plus ou moins compromise dans l'esprit public (1).

Si l'on n'avait été animé que du désir de connaître la vérité vraie, comme on dit, on aurait attendu cette brochure explic.-tive, qui était annoncée ; mais ce n'était pas là le but que l'on avait. Les uns voulaient *anéantir le secret*, les autres voulaient exterminer le miracle to   ier. Le 2 septembre au soir, cette brochure était dép   à la préfecture ; la *Semaine Religieuse*, devant porter la c te du 4 septembre, était déposée le 3 septembre au matin. Elle contenait *un Communiqué de l'évéché de Nimes*, dressé au plus tard le 1er *septembre*, alors que la brochure attendue, n'était encore connue de perso..e autre que de M. *Adrien Peladan*, qui en était l'*éditeur*.

VI. — Ce communiqué était *guerroyant* et vraiment héroïque ; il abattait les brochures comme, sous Tarquin le Superbe, on abattait à Rome *les têtes de pavot.* Dans le premier des deux alinéas qui suivaient la signature *Catérini*, il frappait la publication de M. *Peladan* (en juillet), et dans elle

(1) Certaines personnes peuvent trouver étrange que Mgr Zola, ayant été un des directeurs de Mélanie, ait témoigné en faveur de la Bergère et de son secret. Un confesseur ne peut révéler ce qu'il a appris au tribunal de la pénitence. Mais un directeur n'est pas un confesseur. Mgr Zola était à Naples, attaché à l'église de Pié di Grotta. Mélanie habitait à Castellamare di Stabia, distante de Naples de vgint-sept kilomètres ; il ne pouvait être confesseur. Le confesseur, tenu au secret, était sur les lieux, à Castellamare.

l'importante lettre de Mgr Zola, sans réfléchir qu'il s'attaquait à un Évêque, à l'un des directeurs de Mélanie, bien plus instruit que tout autre sur la Bergère et son secret. Et dans le second alinéa, il accusait l'auteur de *la Défense* d'avoir voulu *surprendre la bonne foi des fidèles en s'attribuant une mission apostolique, qu'il n'avait pas reçue, et que, en fait, il ne s'était jamais attribuée.* Coup de pied *à un Évêque,* insulte *au défenseur,* voilà ce que contenaient ces deux alinéas, qui n'avaient d'épiscopal que l'origine.

Mais l'auteur de *ce Communiqué* allait encore plus loin. Il ne se contentait pas de condamner une brochure qu'il ne connaissait pas encore, mais dont il pouvait soupçonner les tendances ; il condamnait de plus, et en même temps, toutes celles que le même écrivain pourrait publier, dans la suite des années, sur la même matière ; et cet écrivain, « étonné de ce singulier excès », fut sur le point de lui écrire : « Prenez donc ma tête, Monseigneur. »

VII. — Les douze *Semaines Religieuses* dont nous avons parlé, ont voulu voir, dans la lettre signée « C. Catérini » la condamnation du secret de la Bergère : nous avons déjà répondu, le 19 octobre ; mais pour compléter notre réponse, nous leur présentons un nouvel argument à l'appui de ce que nous avons dit sur cette lettre, et nous le renfermons dans le dilemme suivant :

Ou ceux qui rédigent ou inspirent ces feuilles diocésaines, ignorent le droit canonique, ou ils le connaissent.

S'ils l'ignorent, alors qu'ils devraient le connaître, il faut les renvoyer à l'école et les engager à lire les précieux ouvrages de M. l'abbé Bouix et de M. le chanoine Craisson, qui enseignent ce droit.

S'ils le connaissent, ils ont menti avec une rare impudence, car ils savaient qu'un pareil jugement, par suite de la longue procédure qu'il faut suivre en pareille matière, se serait fait attendre environ pendant quatre ans.

Le secret étant d'un côté, une révélation, et de l'autre se liant au miracle de l'apparition, il fallait d'abord faire comparaître Mélanie devant le Saint-Office, l'interroger et l'examiner longuement, et à diverses reprises, pour bien déterminer l'esprit qui l'animait, et savoir s'il était divin, diabolique ou humain. Il fallait connaître la vie entière de la Bergère, soit avant, soit depuis le fait de l'apparition. Il était nécessaire de vérifier et étudier le secret dans toutes ses parties, de le rapprocher des Saintes Écritures, pour savoir s'il leur était opposé ou conforme, de comparer avec les évènements dont notre génération a été temoin, la partie de cette pièce, qui s'y rapporte, pour savoir si ces évènements s'étaient, ou non, réalisés ; il fallait appeler en témoignage toutes les personnes qui pouvaient donner des renseignements sur la Voyante. Il fallait se rendre compte de toutes les grâces corporelles ou spirituelles, qui avaient été obtenues par l'invocation de Notre-Dame de la Salette, et qui étaient consignées, soit dans des ouvrages divers, soit dans les *Annales de la Salette*. Il fallait, de plus, s'occuper des mille sanctuaires établis dans les cinq parties du monde, faire des enquêtes, donner des commissions rogatoires un peu partout. Or, aucune de ces choses, qui sont des préliminaires forcés, des voies d'instruction imposées par le droit, n'a été faite ; cela est certain ; donc il est aussi certain qu'il n'y a eu, au Saint-Office, au 14 août 1880, ni jugement, ni jugement sévère, ni condamnation catégorique, quoiqu'en ait dit le directeur de la *Semaine liturgique* de Marseille ; qu'il est même impossible qu'il y en ait eu un. Et la conséquence rigoureuse et logique de cette absence complète de jugement est que le sens que nous avons reconnu à la lettre signée « Card. Catérini » *est le seul vrai. Et tous les Commu-*

niques épiscopaux possibles ne pourront jamais établir le contraire.

Ainsi les plaignants prétendent que le Saint-Office ordonne le retirement des mains des fidèles, parce qu'il juge le secret faux, et nous pouvons dire qu'il ne prescrit pas le retirement des mains des prêtres, parce que, en l'état, et sans s'occuper de le juger, *il le regarde et le tient pour vrai. Comme on le voit, c'est le contraire !*

VIII. — L'opposition au secret est composée, comme nous l'avons dit, de ceux qui rejettent le miracle tout entier, et de ceux qui, croyant à l'apparition de la Sainte Vierge, repoussent le secret. Voyons donc si les premiers sont fondés, ou au moins excusables dans leur négation ; nous nous occuperons ensuite des autres.

Lorsqu'on reproche à certaines personnes de ne pas croire au fait, elles répondent avec assurance, que l'évènement du 19 septembre 1846 *n'est pas un article de foi.*

Nous convenons de cela. Non, le prodige n'est pas un article de foi. Que s'ensuit-il de là ? Uniquement, que celui qui le repousse ne devient pas, par là même, un hérétique. Mais si l'incroyance ne place pas dans l'hérésie, on peut très bien pécher par là, *car le péché, qui n'est pas un droit*, ne rend pas *hérétique.* On pèche réellement, si l'on n'écoute pas la raison pour suivre ses penchants et ses caprices ; si, lorsqu'ayant devant soi des preuves suffisantes, ou de grandes probabilités, on rejette, de parti pris, sans vouloir s'enquérir, et en craignant même de le faire. On pèche, suivant la position où l'on est, si l'on n'observe pas les recommandations de Saint Paul, dans sa première lettre aux Thessaloniciens (ch. 5, v. 19 à 21) ; on pèche, si l'on ne respecte pas à l'extérieur, même sans le croire fondé, le jugement rendu (le 19 septembre 1851) par l'autorité compétente, qui représente l'Église. Est-on de bonne foi, par exemple, si, voyant un ami, jusqu'alors incroyant, descendre de la montagne pleinement croyant, sans avoir rien lu, sans s'être entretenu avec personne, on quitte subitement Corps, sans vouloir faire la sainte ascension, en disant : « J'ai peur de croire ! ».

Nous allons donc énumérer toutes les présomptions, toutes les vraisemblances et toutes les probabilités qui militent en faveur du miracle, et par là, du secret.

1º S. Em. le cardinal de Bonald, archevêque de Lyon, était certainement incompétent pour juger le fait de l'apparition, puisqu'il n'était pas l'évêque diocésain, auquel seul, dans notre cas, le Concile de Trente donnait compétence. Quant à la révélation, c'est-à-dire aux secrets, son incompétence était encore plus profonde, car le seul juge, reconnu par le cinquième Concile de Latran, était le souverain Pontife. Malgré tout cela, il fit tout au monde pour mettre la main sur les secrets. N'ayant aucun pouvoir, alléguant un mandat oral que le Saint Siège ne donne que dans des cas très-exceptionnels, et qui aurait eu quelque chose de blessant pour Mgr de Bruillard, évêque de Grenoble, il exigea les secrets à découvert, afin de les juger tout le premier, et peut-être, de s'en servir contre le miracle lui-même. Mais la divine Providence empêcha qu'il arrivât à ses fins. Le Pape ordonna à l'évêque diocésain de les lui transmettre, à Rome. La conspiration ourdie contre le prodige, fut ainsi déjouée et confondue par le Chef de l'Eglise. Et la connaissance des secrets (ou de la partie qui lui avait été donnée) qu'eut alors le Saint-Père, en juillet 1851, servit considérablement à la reconnaissance du miracle par le Mandement doctrinal du 19 septembre suivant. En présence de l'échouement de ces tentatives, tout esprit droit, obéissant à sa raison, verra, en tout cela, l'action divine, et y trouvera *une grande présomption, ou probabilité, en faveur de l'apparition de la Sainte Vierge.*

2º Le souverain Pontife connut donc les secrets, surtout leur esprit. Il en fut très-impressionné, comme l'attestent les porteurs, MM. les chanoines Rousselot et Gérin. Il les traita et regarda, comme fort sérieux, plus comme vrais, que comme faux; et de là naît *une nouvelle présomption, ou probabilité en faveur du prodige.*

3° Le démon, par ses artifices, fait que le saint curé d'Ars comprend mal une parole de Maximin, qu'il la regarde comme un démenti, tandis qu'elle n'était que l'expression de la vérité. Pour cette cause, il cesse de croire à la Salette. Les opposants se réjouissent et triomphent, parce qu'ils ont le saint avec eux. Mais, huit ans après, le bon curé Vianney revient à sa croyance primitive, après beaucoup de peines, de regrets, *de larmes que nous avons vu nous-même couler*, et à la suite de l'obtention de plusieurs grâces demandées par lui en preuve, et révélant l'intervention divine. Pour tout homme raisonnable, ce retour est un motif sérieux de croire au miracle; et cependant les opposants ont persisté, sans sourciller, dans leur repoussement.

4° Les nombreux ouvrages écrits sur le prodige, et les *Annales de la Salette*, rédigées par les Missionnaires, relatent beaucoup de guérisons qui sont en dehors de l'ordre naturel et ordinaire, des conversions subites et éclatantes, se rattachant à l'apparition de la Sainte Vierge. Tout cela est au moins une présomption de plus en faveur du caractère surnaturel du fait. Mais les opposants, prêtres ou laïques, ont fermé les yeux pour ne point voir.

5° Le pape Pie IX autorise l'évêque de Grenoble à prononcer affirmativement en faveur du miracle. Il examine et retouche en un point, le projet de Mandement doctrinal, rédigé par Mgr Villecourt, alors évêque de la Rochelle, qu'il éleva peu après au cardinalat, et qu'il introduisit dans la curie romaine, pour l'avoir auprès de sa personne. De là une présomption nouvelle en faveur du prodige.

— 13 —

6° En 1852, Sa Sainteté rend en faveur de la Salette *neuf brefs, indults et rescrits,* notamment ceux qui établissent la fête anniversaire patronale et l'archiconfrérie ; de là de *nouvelles et éclatantes présomptions.*

7° Le 6 août 1852, S. Em. le cardinal de Bonald, publie une regrettable circulaire contre la Salette et l'évêque de Grenoble. Une pareille pièce n'a certainement pas été inspirée par le ciel. De là une *présomption nouvelle que Dieu n'est pas du côté de ceux qui repoussent le miracle.*

8° En 1854, les amis et correspondants grenoblois de Son Eminence lyonnaise publient deux ouvrages (outre deux brochures qui avaient précédé) contre la Salette. Le pape ne se borne pas à dire à Mgr Ginoulhiac, nouvel évêque de Grenoble, d'examiner à nouveau le fait et les pièces, sans avoir égard au jugement antérieur de Mgr de Bruillard ; il va beaucoup plus loin. Il ordonne au prélat de l'étudier pour le démontrer une deuxième fois publiquement. De là *une présomption nouvelle et extrêmement grave,* puisque Mgr Ginoulhiac était arrivé dans le diocèse, incroyant mais non opposant ; et que le pape connaissait les secrets et leur esprit depuis plus de trois ans lorqu'il donnait cet ordre.

9° Un nouveau pape monte sur le trône de saint Pierre, en février 1878. En octobre de cette année, il reçoit de Mélanie le secret en son entier ; il en prend connaissance. Cette lecture lui a-t-elle donné des préventions et des motifs de repoussement ? On ne voit nulle part qu'il en ait été ainsi, et de là ressort une nouvelle présomption.

10° Mélanie est mandée, en fin novembre 1878, par le Souverain Pontife. Mgr Fava, évêque actuel de Grenoble, et le R. P. Berthier, missionnaire de la Salette, vont la prendre et la conduire à Rome ; elle y séjourne cinq mois consécutifs, placée par Sa Sainteté dans le couvent de la Visitation. Elle est reçue

par Elle en audience privée, où il a été tout naturellement parlé du miracle et du secret, tout comme des règles des apôtres des derniers temps. A-t-elle reçu des reproches du Pape ? Lui a-t-il été interdit de publier le secret, suivant l'intention qu'elle en avait ? Non, elle a quitté Rome pour publier ce secret. La publication de cette pièce n'a motivé contre elle ni blâme, ni reproche. De là une grave présomption favorable.

Qu'on ne dise pas que la Bergère n'avait pas alors cette intention. Venue en France en juillet 1878, c'est-à-dire, avant d'être amenée à Rome, elle s'était présentée à un haut prélat français, *que nous pourrions nommer*, le priant d'accorder son *imprimatur* à la publication projetée. Ce haut personnage ne refusa pas d'une manière expresse, en indiquant un repoussement ; il se borna à émettre le désir que l'impression eut lieu dans un autre diocèse.

11° Si Sa Sainteté, qui représente N. S. J.-C. sur la terre, eût voulu que l'impression du secret, par Elle connu, n'eût pas lieu, elle aurait été certainement obéie ; mais Elle n'a fait aucune défense, tout en connaissant le projet de la Bergère, et ce secret entier lui-même.

12° En novembre 1878, comme nous l'avons dit, Mgr Fava et le R. P. Berthier viennent à Rome, le premier pour obtenir l'érection en basilique mineure du sanctuaire de la montagne et le couronnement, par le S. Pontife de N.-D. de la Salette ; le second pour solliciter l'approbation des règles du corps auquel il appartient. L'évêque obtient ce qu'il demande ; et il résulte de ce fait, dont la réalisation pleine et entière a eu lieu les 20 et 21 août 1879, une nouvelle et bien précieuse présomption en faveur du miracle.

13° Enfin, Mgr Fava, qu'on ne peut taxer de se laisser trop aller à Mélanie, écrit le 28 mars 1879 (*Gazette du Midi*, 9 avril 1880) : « *Je sais que la Bergère annonce que nous*

» *allons être châtiés. Mais, outre qu'elle peut avoir ses*
» *raisons de prophétiser ainsi*, il ne m'appartient pas de lui
» imposer silence. Sa Sainteté Léon XIII, ni le promoteur de la
» foi, ni le Saint-Office, n'ont besoin de moi pour savoir ce
» qu'ils ont à faire. Adressez-vous à eux ; mais laissez-moi en
» paix. » Certainement ces paroles ne sont pas hostiles au secret ; mais elles indiquent que, si Mgr l'évêque de Troyes eût
connu le *droit canonique* comme Mgr Fava, il ne se serait
pas adr   .. l'*Index* pour lui dénoncer le secret publié, et en
aurait saisi tout premièrement et directement l'Inquisition.

Voilà une masse de présomptions, de vraise...blances, de probabilités, qu'on ne pourra détruire. Ceux qui repoussent encore
aujourd'hui le miracle lui-même, sont donc dans cette position :
*ou ils ignorent toutes ces choses, et ils ont à s'instruire
avant de parler ;* ou ils les connaissent et, dans ce cas, leur
incroyance persistante donnerait à entendre qu'ils jouissent
d'une remarquable et peu commune fausseté de jugement, car
nous ne pouvons, sans preuve convaincante, voir chez eux *une
résistance volontaire à la vérité connue.*

IX. — Nous en avons fini avec les incroyants à l'apparition
de la Sainte Vierge. Passons à ceux qui ne repoussent que le
secret publié.

Depuis que Mélanie a quitté l'Angleterre et est arrivée à
Marseille, le 28 septembre 1860, elle a eu divers directeurs.
Le premier a été le R. P. Barthès, jésuite, pendant très peu
de temps. Le second a été Mgr Pétagna, évêque *exilé* de Castellamare di Stabia, qui n'est rentré dans son diocèse qu'en 1866.

En juillet 1867, par ordre supérieur, la Bergère est allée auprès de ce prélat à Castellamare. Il l'a dirigée fort peu de temps ;
puis il l'a confiée aux lumières et au zèle d'un saint et savant
religieux, le R. P. Zola, abbé des chanoines réguliers de Latran, à Piè di grotta, à Naples, qui l'a dirigée de 1868 à 1873,

époque à laquelle il a été placé sur le siège d'Ugento, avant de devenir évêque de Lecce, en 1878.

La direction (nous ne disons pas la confession) de Mélanie était très-difficultueuse, à cause de la position unique de la personne. Elle exigeait *un grand esprit d'observation et de suite, et une profonde connaissance de la théologie mystique pour le discernement des esprits.*

Le R. P. Zola possédait le secret depuis 1869, comme il l'affirme. Quels sont les membres du clergé qui repoussent le secret publié ? Quelle mission ont-ils pour juger et condamner la Bergère comme donnant un secret faux ? Eux qui, s'ils l'ont vue, ne l'ont vue qu'à bâtons rompus, comme on dit, ou peu de temps, croient-ils mieux la connaître et pouvoir la juger que ceux qui avaient mission et grâce d'état ! Ils veulent que leur appréciation l'emporte sur celle contraire des directeurs ! Cela n'est ni rationnel, ni admissible ; tout homme sérieux préférera le sentiment de ces derniers, parce que les prélats directeurs sont compétents, et que tout autre membre du clergé est incompétent.

X. — Cela dit préliminairement, nous revenons à quelques réflexions, vraiment décisives, que nous avons indiquées ailleurs, sans les développer suffisamment.

Les secrets ont-ils été donnés aux enfants afin qu'ils les gardassent à toujours pour eux seuls , et qu'ils se bornassent à prendre acte de chaque évènement annoncé, au fur et à mesure qu'il se réaliserait, tout comme de simples contrôleurs ? Cela ne peut être dit sérieusement. Le soutenir serait prêter à à la Sainte Vierge une inutilité évidente, une véritable puérilité, dépourvue de tout motif raisonnable. Donc, les enfants, gardant les secrets pendant un temps, devaient les faire connaître un jour. Ce serait manquer à Marie elle-même que de parler et penser autrement. Du reste, la Sainte Vierge a dit deux fois : « Eh bien ! mes enfants, vous le ferez passer à tout mon peuple », la première fois pour la partie publique, la seconde fois pour les secrets. Et si l'on ne veut voir dans ces deux fois, qu'une simple répétition, comme on en rencontre parfois dans les livres saints, ces paroles, ayant été prononcées par la Belle Dame après les paroles publiques et les paroles secrètes, (ces dernières au milieu des paroles publiques), une seule fois a suffi pour leur recommander de faire passer le tout à tout son peuple (1).

Puisque les Bergers devaient un jour révéler au monde les paroles secrètes, la Sainte Vierge, qui savait qu'elle s'adressait à deux pauvres enfants, à ce qu'il y avait de plus ignorant au monde, à des esprits incultes, à des têtes fort dures, qui, d'elles-mêmes n'auraient rien pu retenir, et qui ne comprenaient même pas la langue dont elle se servait, devait *leur conserver surnaturellement le souvenir exact et complet de ses paroles secrètes, afin qu'ils ne les oubliassent jamais* et pussent les redire un jour ; *les mettre même dans l'impossibilité de dire autre chose, d'y ajouter ou d'en retrancher.* Elle en avait certainement la puissance. S'il eût pris à Mélanie la fantaisie criminelle de rapporter autre chose, ou d'y introduire quelque changement, la Mère de Dieu aurait certainement empêché que cette fille ne pût publier, comme venant du ciel, le produit de son imagination, afin que le peuple chrétien ne fût pas trompé par elle.

Puis il y a une considération bien plus importante.

XI. — Si le miracle du 19 septembre n'eût été *qu'une grâce particulière pour les deux Bergers,* ceux-ci auraient pu

(1) Le peuple de Marie est composé des pasteurs et du troupeau, c'est-à-dire du sacerdoce et des fidèles, tandis que le mot fidèles ne s'entend que du troupeau.

l'oublier, la négliger, en abuser, et y manquer, ce dont ils auraient été personnellement punis. Mais il n'en est pas ainsi. Ce miracle, et notamment le secret, a été une grâce, un grave avertissement pour le peuple catholique tout entier. La Sainte Vierge devait donc veiller à ce que *ses paroles secrètes, qui étaient de beaucoup les plus importantes, arrivassent à son peuple telles qu'elle les avaient données. Les deux Bergers n'étaient que des canaux,* par lesquels ces paroles devaient passer (après y avoir séjourné quelque temps) pour arriver au clergé et aux fidèles. Ç'aurait été, en cet état, une véritable insanité, une rare étourderie que de confier ces secrets à l'extrême faiblesse de *ces simples canaux, de les laisser maîtres de les oublier, de les changer et défigurer à volonté. Si la Belle-Dame eut agi ainsi, certainement elle n'aurait pas été la Mère de Dieu, et le fait lui-même de l'apparition serait détruit !*

En résumé, on croit ne faire la guerre qu'à Mélanie, en repoussant le secret publié. Et c'est à la Sainte Vierge, et principalement, qu'on la fait et on arrive, comme les opposants au miracle total, à renverser l'apparition elle-même.

XII. — On argue bien inutilement des étrangetés de paroles et de conduite que présente la vie de la Bergère, arrivée maintenant à sa 50me année. Nous connaissons toutes ces choses ; elles proviennent soit de la faiblesse humaine, soit de la manière dont on a agi à son égard, soit de l'influence de ses quatorze premières années sur celles qui les ont suivies (1), soit, et

---

(1) Il est impossible de comprendre la Bergère, si on ne connaît pas l'histoire de sa première enfance et de sa première jeunesse, qui ne pourra être donnée au public qu'après le décès de sa mère et le sien propre. Nous possédons cette histoire depuis 25 ans. Nous avons eu sur ces points l'aveu de ses parents, bien que ces faits ne fussent

principalement, des obsessions diaboliques, qui tendaient et devaient tendre à perdre les Bergers, en eux-mêmes ou dans l'esprit public, afin que tout le monde s'éloignât d'eux et repoussât leur témoignage.

Ce qui étonne et n'est pas compréhensible, c'est que la Bergère tourmentée par les démons dès le principe, repoussée de côté et d'autre, ballottée comme aucune femme ne l'a été, et cela jusqu'à son arrivée à Castellamare, à l'âge de 36 ans, étant, comme toute sa famille, dans une extrème misère, ait continué à mener, malgré toutes ces contrariétés, une vie régulière, et ne se soit pas jetée dans les idées mondaines et dans le vice. Tout ce que l'on a fait à son égard était bien fait pour l'y pousser, même l'y précipiter. Sa conservation dans la bonne voie, ne peut se concevoir que par une assistance particulière et permanente de Celle qu'elle a vue pleurant sur la montagne.

XIII. — Du reste, pour toute raison droite, la question de Mélanie, simple canal qui reçoit d'un côté pour rendre de l'autre, n'est que très secondaire. La question *sérieuse et dominante*, est de savoir si celle qui a donné le secret est bien la Sainte-Vierge. Or l'Eglise a reconnu ce point le 19 septembre 1851 par le juge compétent. Deux papes successifs ont virtuellement consacré cette reconnaissance, soit par les brefs, indults et rescrits dont nous avons parlé, soit par la conduite qu'ils ont tenue, soit par le couronnement du 21 août 1879. Des miracles nombreux et non interrompus ont montré et prouvé l'action divine. En cet état, la Sainte Vierge se devait à elle-même de *faire arriver les secrets à son peuple dans leur totalité et leur vérité*, et de ne pas laisser ses propres paro-

pas, pour eux, très honorables. Ceux qui rejettent le secret de Mélanie connaissent-ils cette histoire ! non, pour la plupart, et ils jugent *ex cathedrâ*.

les à la disposition de ces simples canaux de transmission, en les exposant à les oublier ou à les défigurer.

Dans toute cette affaire du secret, on place bien mal à propos, la Bergère au premier plan. Des singularités que sa vie présente, on tire des inductions contraires au secret, inductions qui, si l'on raisonnait logiquement, iraient jusqu'à détruire le miracle tout entier. *Au premier plan se trouve au contraire et uniquement la Sainte Vierge.* C'est elle qu'il faut principalement considérer ; si le secret publié n'était pas tel que ce ui qu'elle a donné, ce serait-elle qui serait en faute, va la complète nullité des témoins par elle choisis, pour n'avoir pas pris des moyens efficaces de conservation et de transmission ; ou bien la Belle-Dame ne serait pas la Sainte Vierge. Si nous pouvions vous sacrifier la Bergère, nous ne vous sacrifierions jamais la Mère de Dieu, notre céleste Mère. Puis, si vous continuez à prétendre que le secret publié est faux, nous vous sommerons ou de vous taire sur ce point, *ou de nous montrer le secret véritable, car il est certain qu'un secret a été donné.*

XIV. — Dans notre *Défense et explication du secret,* nous avons montré que toutes les parties diverses de cette pièce étaient conformes à la Sainte-Écriture. Nous avons prouvé que les reproches qu'elle contient à l'adresse d'une portion du clergé, reproches qui sont les seules causes de l'insurrection que nous combattons, se trouvaient dans le deuxième verset du chapitre xxiv d'Isaïe, dans le chapitre iii de l'Apocalypse qui concerne la cinquième Église celle de Sardes ; dans le chapitre vi de cette révélation, lors de l'ouverture du sixième sceau, et enfin dans les versets 4 et 9 du chapitre xii de ce même livre. Le secret, conforme à la parole divine, est donc *vrai, d'une vérité absolue ?* Pourquoi ne nous a-t-on pas suivi sur ce terrain ferme et profondément catholique ! Loin d'y descendre, on l'a évité avec soin, peut-être par crainte de s'y brûler ; on ne nous a répondu que par le silence, ou par des injures personnelles ; et par là, on n'a prouvé qu'une chose, savoir l'impuissance où l'on se trouvait de soutenir et prouver la non-conformité.

Dira-t-on, pour avoir une apparence de raison, que Mélanie a étudié les Saintes-Écritures, et les a reproduites dans son secret ? Cela serait du dernier ridicule ; mais il y a, dans notre temps, de tels entêtements, une telle peur, une telle ignorance sur la personne de la Bergère elle-même, que nous ne serions pas étonné de voir recourir à cet étrange moyen d'échappement. N'a-t-on pas vu des membres très-éclairés du clergé, assimiler Mélanie à *Marie* d'Agréda !

XV. — Un autre excellent moyen de vérification et de contrôle était la réalisation successive de tous les évènements consignés dans les secrets jusqu'à ce jour. A-t-on pris la peine d'éprouver le secret de cette manière ? A-t-on rappelé à sa mémoire l'histoire, universellement connue, de nos trente-cinq dernières années ? A-t-on comparé cette histoire avec ce que le secret contient pour la même partie du temps ? Non, on ne s'est pas occupé de cette comparaison. On n'a vu qu'une chose, savoir : les *reproches adressés à une portion du clergé ; on s'est senti blessé, humilié, offensé ; on a repoussé le secret pour anéantir les reproches.* Et par là, on n'a fait *que les encourir et mériter davantage !* (1)

XVI. — D'autre part, les larmes abondantes et incessantes que versait la Sainte Vierge pendant toute la durée de l'apparition, et cela, peut-être, pour la première fois depuis dix-huit

(1) Du reste, des évènements très-prochains, pourront convaincre les incrédules. Plaise à Dieu que cette conviction leur profite, en arrivant avant les grands coups !

siècles ont une signification douloureuse qu'on ne peut méconnaître, et qui devraient fendre les cœurs des enfants de Marie. Quelle portion de l'humanité a pu motiver principalement *ces larmes si extraordinaires si exceptionnelles*, si ce n'est celle qui est divinement instituée pour être le sel de la terre, la lumière du monde, et dont une partie notable ne remplit pas suffisamment sa céleste Mission ! Le Divin Maître ne semble-t-il pas prédire ce triste affaissement, quand il dit en saint Mathieu, « *Si sal evanuerit, in quo salietur ?* » (Si le sel ne sale plus avec quoi salera-t-on ?) (1).

XVII. — Ces choses étant dites pour établir la vérité du miracle et du secret, nous passons à deux incidents qui se sont produits depuis notre réponse du 19 octobre, aux douze semaines religieuses dont nous avons parlé. Le premier se rapporte au *Communiqué de l'évêché de Nimes*, et le second est né d'un article de la *Semaine religieuse de Cambrai*.

Le *Communiqué de l'évêché de Nimes*, inséré dans la *Semaine religieuse* de ce diocèse du 4 septembre 1880, faisait suivre la signature « card. Catérini » de deux alinéas. Le

(1) Nous savons, par notre correspondance, que le secret, connu dans toute l'Europe, même en Asie, et en Afrique, n'a, nulle autre part qu'en France, soulevé contre lui une portion du clergé. Sa connaissance a eu, au contraire, un excellent résultat, celui de rendre plus fervents les prêtres et les fidèles. Si l'on veut que Dieu nous épargne des châtiments, qui sont toujours *comminatoires,* on n'a qu'à apaiser sa juste colère, en devenant meilleurs. Sa puissance est assez grande pour nous garder au milieu de la plus furieuse tempête. Tous les moyens humains sont inefficaces: la peur, la bonne opinion que l'on a de soi-même n'ont jamais sauvé personne; elles n'ont fait qu'exposer davantage. Il est faux que le secret ne concerne que la France. On n'a qu'à le lire pour s'en convaincre. Pourquoi donc s'insurge-t-on *en France*, quand on ne le fait pas ailleurs !

premier des deux s'appliquait à la publication, faite en juillet
dernier, par M. Adrien Peladan, d'une lettre de Mgr Zola,
évêque de Lecce, en faveur du secret, comme nous l'avons dit.
Le second nous accusait nous-même d'un acte dont nous étions
innocent.

Nous retrouvons dans l'*Ami du clergé* du 18 novembre dernier, publié à Paris, chez M. Victor Palmé , le premier alinéa, dans lequel un évêque français, peu instruit dans cette
affaire, peut-être incroyant à l'apparition elle-même, si est
vrai ce que l'on dit de lui dans son diocèse, *tance* réellement
sans le nommer, un évêque italien, qui en sait forcément beaucoup plus que lui ; mais nous ne trouvons pas dans ce re-
chauffé, le deuxième alinéa, qui nous concernait. Nous aimons
donc à penser que l'auteur de ce Communiqué a renouvelé son
article du 4 septembre, *pour avoir l'occasion d'en retrancher l'alinéa le plus compromettant.* S'il en a été ainsi, nous
en prenons acte ; mais si l'*Ami du clergé* a supprimé, de lui-
même, ce second alinéa, parcequ'il l'a trouvé excessif, nous
n'en faisons pas compliment à son auteur.

XVIII. — Le deuxième incident naît de l'article de la *Semaine de Cambrai* du 11 décembre, répété dans la *Semaine
du fidèle du Mans*, du 18 décembre, et qui s'appuie principalement sur la *Revue des sciences ecclésiastiques.*

Voici le texte de la semaine de Cambrai :

» Nous avons dit, il y a quelque temps, que le Saint-Siège
» avait ordonné de retirer des mains des fidèles le livre qui
» prétend contenir le secret de la Salette. Les hommes qui s'en
» sont faits les propagateurs ont épilogué sur ce mot « fidèles »
» ont prétendu, dans des circulaires et dans des revues soi-
» disant pieuses(1), qu'ils pouvaient continuer à répandre ce li-

(1) Quelles sont *ces revues soi-disant pieuses* ? Nous connaissons
celles qui sont de notre côté. Le monde s'étonnerait de leur voir ap-

» vre parmi le clergé. Puis, mentant à leur propre interpréta-
» tion, et à la déclaration qu'elle contenait, ils ne cessent de
» l'offrir à tout le monde indistinctement. Or, ce livre ne mé-
» rite la confiance de personne : *la Revue des sciences ecclé-*
» *siastiques*, dans son numéro d'octobre 1880, a signalé entre
» les diverses éditions de ce *prétendu secret*, portant chacune
» la signature de Mélanie, des variantes absolument contra-
» dictoires. La Très-Sainte Vierge ne peut évidemment avoir
» dit, en même temps et à une même personne, le *blanc et le*
» *noir* ».

Lorsque, comme nous, on s'est enquis et occupé de la Salette
depuis l'origine; qu'on a été malgré soi, sans le rechercher, et
par des voies connues en haut lieu, qu'il est inutile de redire
ici, mêlé personnellement à cette affaire pendant trente ans,
jusqu'à ce jour ; qu'on a été spécialement chargé d'étudier le
prodige et de le défendre contre les puissants du jour, civils et
ecclésiastiques, qui l'attaquaient, ou le faisaient attaquer par
d'autres ; on doit être à peu près fixé sur les hommes et sur
les choses, connaître ceux qui croient, ceux qui ne croient pas,
les amis comme les ennemis, et même les amis peu circonspects
qui nuisent, tout en croyant et voulant servir. Nous avons donc
eu des rapports avec Son Éminence le cardinal Régnier, archevêque de Cambrai, il y a plus de quinze ans, et nous savons que, jusqu'à cette époque, il n'a jamais cru au prodige,
imitant en cela Son Éminence le cardinal de Bonald, archevêque de Lyon. Cette longue incroyance est devenue, paraît-il,
chez lui, comme une seconde nature. Le cardinal serait donc

pliquer ces mots *soi-disant pieuses*. Que dirait la *Semaine de Cam-*
brai, si nous la disions « *soi-disant religieuse ?* » Une éducation
soignée et le sentiment des convenances devraient porter à s'abstenir
de ces termes de *mépris*.

mort en cet état, car l'article du 11 décembre est antérieur à
son décès. Il doit maintenant savoir à quoi s'en tenir sur ce
point ; mais s'il a repoussé le miracle pendant toute sa vie, il
est très-logique de sa part d'avoir inspiré dans ses derniers
jours l'article ci-dessus transcrit.

Nous ne nous étonnons donc pas que la *Semaine de Cambrai*
appelle par deux fois un prétendu secret, le secret publié.
Mais nous ne pouvons convenir avec elle que nous épiloguons
sur les termes de la lettre signée cardinal Catérini, et sur le
mot fidèles. Nous ne permettons pas qu'elle mette en doute, et
même qu'elle nie la piété sincère de ceux qui croient au miracle et au secret publié, des revues qui les défendent, et qu'on
les appelle des revues soi-disant pieuses, ce qui revient à les
taxer d'hypocrisie. Nous ne pouvons souffrir qu'on nous accuse
de mensonge, en déclarant d'un côté que nous ne remettons
des exemplaires qu'aux membres du clergé, tout en les offrant
néanmoins à tous indistinctement, c'est-à-dire aux fidèles. En
fait, il n'y a eu qu'une seule édition du secret, comme du miracle tout entier, faite par la Bergère elle-même, et par l'œuvre générale de la Salette, qui réunit ce qu'il y a de plus pur
et de plus relevé en France. Cette édition est épuisée depuis
la première quinzaine de mai 1880. Il est donc impossible
d'offrir à tous indistinctement ce qu'on n'a pas, ce qui
n'existe pas (1). Ces imputations ont quelque chose de blessant,
de peu séant, tout comme cette affirmation carrée, dénuée de
toute preuve, contenue dans ces paroles : « Ce livre ne mérite
la confiance de personne ». Quand on a recours à de gros mots
comme ceux-là, on doit au moins fournir les preuves à l'appui,

(1) Si d'autres que Mélanie ont pris sur eux de répandre le secret
parmi les fidèles, ni la Bergère, ni l'œuvre générale n'en sont respon-
sables.

sans quoi on a le devoir préliminaire de se taire jusqu'à ce qu'on soit convenablement informé.

XIX. — La *Semaine de Cambrai* se borne à affirmer, chose extrêmement facile, mais elle ne prouve aucunement la condamnation réelle qu'elle prononce. Pour suppléer à ce qu'elle nous donne le droit d'appeler son ignorance, en ce point, elle a recours à la *Revue des sciences ecclesiastiques*, qui n'en sait pas plus qu'elle ; et c'est ainsi que nous sommes amené à discuter ce que dit cette *Revue*, dont le sentiment paraît-il, est regardé, à Cambrai, comme un oracle.

La *Revue*, dont nous possédons un exemplaire, aurait dû, pour être un peu sérieuse, indiquer toutes les parties où l'on fait dire par la Sainte Vierge, en même temps et à la même personne blanc et noir. Elle ne se donne pas cette peine, et dans le tas de ses griefs, imaginés ou imaginaires, elle en choisit deux, que nous devons regarder, naturellement, comme les principaux, les plus importants à ses yeux ; et si ce qu'elle dit à leur sujet ne fait que prouver son défaut complet d'information et son inconsidération, toutes les autres difficultés qu'elle s'est forgées elle-même, et qu'elle a tues, disparaîtront en même temps.

Il n'y a, comme nous l'avons dit, qu'une édition du secret. C'est celle que Mélanie a fait imprimer à Lecce, le 15 novembre 1879, et qui est revêtue de l'*Imprimatur* de Mgr Zola, évêque de ce diocèse. La *Revue* ne dit pas un mot de ce livre, qui est seul la pièce officielle. Elle va chercher la brochure publiée à Naples, en 1873 par M. l'abbé Bliard, qui ne contient que des extraits dont les alinéas ne sont pas dans l'ordre du secret publié. Elle compare la brochure Bliard avec la brochure Cloquet. Elle appelle ces deux publications deux éditions du récit de Mélanie, par l'unique raison que leurs auteurs ont placé ce nom à la suite ou à la tête de leurs écrits. Et, de ce qu'il y a des différences entre les publications Bliard et Cloquet, qui ne sont pas la publication de Mélanie, la *Revue* conclut sans raison, et contre toute raison, que le petit livre de la Bergère, dont elle n'a pas dit un mot, bien qu'il soit le type unique et nécessaire, doit être repoussé. Voyons donc ce que relève la *Revue*.

L'œuvre de M. l'abbé Bliard a pour titre « Lettres à un ami sur le secret de la Salette », et a été publiée à Naples en 1873. Ce n'est pas une édition du secret entier, mais un entretien sur ce secret.

La version de l'abbé Cloquet est comprise dans un petit volume in-18, qu'il a publié à Paris, en mai 1880, ayant pour titre : « *Histoire révélée de l'avenir* », et qui devait être suivi de neuf autres opuscules successifs. Au milieu d'un certain nombre de prophéties, vraies ou fausses, se trouve une partie réservée à la Salette et au secret. Cette partie a pour titre particulier « L'Apparition de la Très Sainte Vierge sur la » montagne de la Salette, le 19 septembre 1846, racontée par » la Bergère de la Salette, publiée à Lecce (Italie mérid.) par » Mgr Zola, évêque du diocèse de ce nom, reproduite avec » l'autorisation de la voyante, et corroborée par d'autres pro- » phéties ».

La brochure de la Bergère a pour titre : « L'Apparition de la Très Sainte Vierge sur la montagne de la Salette ». Lecce, 1879.

M. l'abbé Cloquet est allé beaucoup trop loin dans son titre particulier, il a ajouté considérablement au titre de la Bergère ; et il a, de plus, énoncé une chose inexacte en attribuant la publication à Mgr Zola, qui s'est borné à donner l'*imprimatur*. On ne peut dire en effet qu'un évêque qui donne le permis d'imprimer un livre, est le publicateur de ce même livre. Voilà donc deux inexactitudes commises par l'auteur de l'*Histoire révélée de l'avenir*.

M. l'abbé Cloquet avait certainement besoin de l'autorisation de Mélanie, pour comprendre la brochure de cette dernière, publiée en novembre 1879, dans le volume qu'il faisait paraître lui-même, six mois après, en mai 1880 (1). Il l'a demandée et obtenue; mais il n'a pas été autorisé à ajouter, à retrancher, à changer, à modifier le texte qu'il ne devait que reproduire. Donc, s'il y a des différences entre sa brochure et celle de la Bergère, qui a précédé, même avec celle de l'abbé Bliard, antérieure de sept ans, c'est M. l'abbé Cloquet qui, seul, les a introduites, sans en avoir le droit. On ne peut ni en rendre la Bergère responsable, ni en tirer des inductions contre le secret publié.

XX. — La première différence, que relève la *Revue* entre les publications Bliard et Cloquet, se rapporte, non au secret, mais aux paroles publiques de la Belle-Dame.

Dans l'édition Bliard (pour employer les termes impropres de la *Revue*), il est dit: « Je vous ai donné six jours de la » semaine, et me suis réservé le septième, et on ne veut pas » me l'accorder », et ces mêmes termes se retrouvent dans la brochure de Mélanie (2).

M. l'abbé Cloquet, croyant mieux faire, voulant mieux dire que la Sainte Vierge, ignorant une particularité connue de plusieurs, écrit : « Six jours vous ont été donnés pour travailler. Dieu s'est réservé le septième, et on ne veut pas le lui accorder ». (3)

(1) L'exemplaire que nous a offert M. Cloquet, porte ces mots : « Hommage respectueux de l'auteur à M. Auguste Nicolas. Paris, le 14 mai 1880. L'abbé Cloquet, « nous sommes bien Auguste Nicolas, le deuxième de nos trois prénoms; mais nous nous servons du premier, Amédée».

(2) La publication Bliard, composée d'extraits seulement, est bien plus exacte que celle de l'abbé Cloquet, dans son *Histoire révélée de l'avenir*.

(3) D'après le dire des enfants, ces paroles paraissaient sortir *du crucifix*, qui était sur la poitrine de la Sainte Vierge, et non de la

Eh bien ! le texte de l'abbé Bliard, qui est aussi celui de Mélanie en ce point, est le seul vrai. Il est en tout conforme au rapport officiel dressé le 15 octobre 1847 par MM. les chanoines Rousselot et Orcel, imprimé en 1848, et qui a servi de fondement au Mandement doctrinal du 19 septembre 1851. Si la *Revue* eût connu ce livre si important de M. Rousselot, elle n'aurait pas relevé cette différence, surtout elle n'en aurait pas argué, car elle aurait su de qui elle provenait. Mais quand il s'agit de la Salette, on ne s'éclaire jamais et on repousse sans savoir pourquoi et toujours. C'est, comme nous le disions, il y a vingt-cinq ans, le *Delenda Carthago* de Satan !

XXI. — La *seconde différence* relevée par la *Revue* se rapporte au secret.

L'abbé Bliard écrit en 1873. « L'Antechrist naîtra d'une re-
» ligieuse, etc., etc..... Son père sera évêque. En naissant, il
» vomira des blasphèmes, il aura des dents; en un mot ce sera
» le diable incarné. Il poussera des cris effrayants ; il fera des
» prodiges. Il ne se nourrira que *d'impureté*; il aura des
» frères qui, quoiqu'ils ne soient pas, comme lui, des démons
» incarnés, seront des enfants de mal...... »

Mélanie dit de son côté: « Ce sera pendant ce temps que naî-
» tra l'Antechrist, d'une religieuse hébraïque (ce mot *hébraï-*
» *que* avait été caché par l'abbé Bliard et remplacé par des
» points), d'une fausse vierge, qui aura communication avec
» le vieux serpent, le maître de l'impureté. Son père sera
» Ev...... (Evêque). — En naissant il vomira des blasphèmes,
» il aura des dents, il poussera des cris effrayants, il fera des

bouche de Marie elle-même; Il y a plus de trente ans que nous savons cela. Peut-être aurait-on dû le dire dans le rapport. La question a été agitée, et la majorité s'est prononcée dans le sens du silence sur ce point.

» prodiges. Il ne se nourrira que *d'impureté*; il aura des frè-
» res qui, quoiqu'ils ne soient pas, comme lui, des démons in-
» carnés, seront des enfants de mal (1879). »

La seule différence entre M. Bliard et la Bergère est que le
premier remplace par des points le mot *hébraïque*.

Mais M. l'abbé Cloquet dit au contraire, en mai 1880 :
« L'Antechrist naîtra d'une Israélite, fausse vierge, qui aura
» communication avec le vieux serpent; en naissant, il vomira
» des blasphèmes, il aura des dents; en un mot, il sera com-
» me serait le diable incarné. — Il poussera des cris effrayants,
» il fera des prodiges, il ne se nourrira que *d'impuretés* (au
» pluriel). Il aura des frères qui, quoiqu'ils ne soient pas com-
» me lui *possédés du démon*, seront des enfants de mal. »

C'est donc M. l'abbé Cloquet qui a altéré le texte du secret,
en mai 1880, dans ces mots « *comme serait le diable incarné*,
impuretés au pluriel au lieu du singulier, et *possédés du démon*. Dans ces trois passages, il a changé les termes et non les
sens. » Mais lorsqu'il s'est borné à dire que la mère de l'Antechrist serait une Israélite, quand il a volontairement caché
que son père serait un évêque, il a changé, parce qu'il l'a voulu, deux points importants du secret.

La mère de l'Antechrist sera une religieuse catholique, car
les juifs n'ont pas de couvents de femmes ; mais elle sera de
race, famille ou origine juive (1) ; et M. Cloquet en fait une
femme juive, ure religieuse non catholique. Voilà ce qui résul-

____

(1) La religieuse catholique, de race israélite, qui serait la mère de
l'Antechrist pourrait très-bien être de la Tribu de *Dan* ! Cela con-
corderait soit avec les paroles que Jacob, mourant, adressait à *Dan*,
un de ses douze fils, soit avec le chapitre VII de l'Apocalypse, qui énu-
mère les tribus d'Israël qui se convertissent à Jésus-Christ, et *n'y
comprend pas la tribu de Dan*.

te clairement de ces mots de Mélanie: « *religieuse hébraïque* »,
et ce qui condamne les défigurations de M. Cloquet.

M. l'abbé ne s'est pas borné aux changements relevés par la
Revue ; il a supprimé généralement de sa propre autorité ,
tout ce qui, dans le secret de la Bergère, se rapporte au clergé,
aux communautés et aux princes de l'Eglise, et de plus il a
fait, ça et là, dans le texte de Mélanie, plus de trente changements ou transformations au moins, sans y avoir été autorisé
par la Voyante, et en se servant et s'autorisant cependant de
son nom.

XXII. — Certains esprits se révoltent en pensant que l'Antechrist naîtrait d'un évêque et d'une religieuse, tous deux catholiques et consacrés à Dieu. Sondons un peu cette question
sous plusieurs rapports.

Saint Paul a dit, en sa 2e épitre aux Thessaloniciens, chapitre II, verset 4, en parlant de l'Antechrist : « *Qui adversatur*
» *et extollitur supra omne quod dicitur Deus aut quod*
» *colitur, ita ut in templo Dei sedeat tanquam sit Deus.* »

Daniel, au chapitre XII, verset 11, écrit de son côté: « *A tem-*
» *pore cùm ablatum fuerit juge sacrificium, et posita*
» *fuerit abominatio in desolationem, dies mille ducenti*
» *nonaginta.* »

Et Notre-Seigneur, en saint Mathieu, chapitre XXIV, verset 15, parle de cette abomination de la désolation annoncée
par Daniel lorsqu'il dit « *Cùm ergo videritis abominationem*
» *desolationis, quœ dicta est à Daniele prophétá, stantem*
» *in loco sancto qui intelligat, etc.* »

Ces paroles « abomination de la désolation dans le lieu
saint » signifient-elles seulement que l'Antechrist, se disant le
Messie, se fera adorer comme tel, dans des temples catholiques profanés ? Ne peuvent-elles pas dire aussi que ceux qui
donneront le jour à l'homme du mal, seront deux personnes

consacrées à Dieu, des temples vivants de Dieu ! L'abomination de la désolation dans le lieu saint n'est-elle pas plutôt, et avec bien plus de raison, la profanation de deux corps et de deux âmes qui ne devaient vivre que pour Notre-Seigneur Jésus-Christ, qui se donnent à Satan, et d'une manière bien volontaire, tandis que les temples de pierre oùde bois ne peuvent résister à la force matérielle qui les envahit ? Nous avons émis cette manière de voir, en 1858, dans la première édition des *Conjectures sur les âges de l'Eglise et les derniers temps*. De nombreux membres du clergé, versés dans la connaissance des Saintes-Ecritures, ont trouvé notre opinion très-plausible. En cet état, qu'y aurait-il d'étonnant que l'Antechrist naquit, ou fût né d'une religieuse et d'un évêque ? Cela devient même très vraisemblable.

Revenons maintenant à M. Cloquet.

XXIII. — M. l'abbé nie-t-il les retranchements et changements que nous avons signalés ? Nullement, il les avoue au contraire comme si c'était de sa part une bonne action, tandis qu'il n'a eu pour but que d'humaniser, pour ainsi dire, les paroles du secret. Il écrit dans son journal mensuel, *le Libérateur*, d'octobre 1880, à propos de la lettre du card. Catérini : « La » suppression de certains passages étant faite, la propagande » de la dite brochure (celle de Mélanie) parmi les fidèles est permise (par l'Inquisition), bonne et salutaire », et il ajoute dans le numéro de novembre 1880 : « La mesure, la prudence, la » discrétion, le discernement des personnes à qui elle (la brochure de Mélanie) puisse sans inconvenient être remise intégralement, sont l'unique recommandation de Son Eminence le cardinal Catérini... etc., etc.

» En conséquence, Mélanie et.... doivent.... procéder désormais d'après la règle de conduite indiquée par la lettre » du cardinal Catérini, adressée à Mgr l'évêque de Troyes...... » tant dans la diffusion de la brochure intégrale que dans la

» publication des brochures explicatives des points les plus dé-
» licats de la révélation qu'elle renferme » ; puis il certifie, *ipso
facto*, qu'il a fait déjà lui-même ces retranchements et changements, en ajoutant que « les ouvrages qui (comme le sien,
» qui est le seul), qui ont fait spontanément toutes les sup-
» pressions commandées par la prudence, sont permis, utiles et
» même recommandés. »

Ainsi donc, M. l'abbé Cloquet reconnaît qu'il *a retranché,
changé, modifié dans le texte officiel, suivant ses apprécia-
tions personnelles,* et cela *en mai 1880, trois mois avant
la lettre du 14 août,* signée par le cardinal Catérini. En cet
état, tout ce que la *Revue des sciences ecclésiastiques* a écrit
sur les différences qu'elle a rencontrées entre le texte Bliard
et le texte Cloquet, qui ne sont ni l'un ni l'autre le texte officiel de Mélanie, seul dénoncé au Saint-Office, n'a ni importance, ni conséquence, ni signification aucune. Si la *Revue*
avait su ce qu'elle nous oblige à lui apprendre, elle n'aurait
pas regardé le texte Cloquet comme une édition du secret ;
elle y aurait reconnu, au contraire, une véritable défiguration.
Nous ne blâmons pas les intentions de M. l'abbé ; mais nous
constatons et prouvons en même temps le fait auquel il s'est
livré, sans être autorisé, et même avant la lettre Catérini.
Nous n'aurions jamais osé prendre sur nous une pareille liberté ; et si nous avions été contraint à ne pas reproduire
certains passages, nous aurions indiqué, par des points ou
des etc. etc., que nous faisions des suppressions.

XXIV. — En lisant tous les redressements que nous venons
de présenter, le public pourra juger avec quelle légèreté des
esprits, graves sur beaucoup d'autres points, se prononcent,
décident, tranchent, sans avoir les connaissances nécessaires
pour traiter sérieusement une question comme celle de la Salette. Si l'ignorance des faits est d'un côté, une cause d'ex-

euse, elle accuse de l'autre. Et l'on peut dire de ceux qui s'aventurent ainsi dans un pays inconnu (en matière inconnue) comme l'avare de Molière : « *Aussi qu'allait-il faire dans cette galère !* »

XXV. — Les retranchements et changements faits par l'abbé Cloquet, surtout en ce qui concerne le clergé et les communautés, font, en ce moment beaucoup de mal. Des prêtres hostiles au secret publié, qui ont lu son « *Histoire révélée de l'avenir* » en ont été fort contents, à *cause de ces suppressions*, et sont venus nous dire : « M. l'abbé Cloquet nous a donné le *vrai se-* » *cret*; nous avons plus de confiance en lui que dans la publi- » cation de Mélanie. » Que diront ces prêtres, si heureux du secret Cloquet, lorsqu'ils sauront par l'abbé lui-même qu'il a retranché de sa propre autorité, tout ce qui les froissait, et *que les parties retranchées* font réellement partie du véritable secret !!!

XXVI. — Nous avons parlé de Son Em. le cardinal Régnier, de son article du 11 décembre 1880. Voici quelque chose de nouveau survenu après le décès du Cardinal.

Les Vicaires capitulaires ont publié dans la *Semaine de Cambrai* du 29 janvier suivant, le Communiqué dont la teneur suit :

« Il nous vient de différents évêchés de France des plaintes » réitérées sur les agissements d'un laïque de notre diocése, » qui fait répandre partout, excepté dans les villes épiscopa- » les, une circulaire sur *l'œuvre des secours aux curés de* » *campagne par les honoraires de messes.* Nous déclarons » que cette œuvre n'est nullement autorisée dans le diocèse de » Cambrai; nous la condamnons même dans les conditions » irrégulières où elle se produit; et nous exhortons les fidèles » de ce diocèse à n'y prendre aucune part, de quelque manière » que ce soit.

» La circulaire susdite est accompagnée d'une note soi-di-
» sant confidentielle, en petits caractères, qui *annonce la bro-*
» *chure* SUR LE PRÉTENDU SECRET DE LA SALETTE, brochure
» dont la publication a été l'objet *d'un blâme sévère* de la
» part de la Sacré-Congrégation.

» N. B. — Prière aux *journaux catholiques* et aux *Se-*
» *maines religieuses de reproduire cette protestation des*
» *Vicaires capitulaires du diocése de Cambrai.* »

Nous n'avons rien à dire sur le personnage que le communiqué met en scène. Mais nous relèverons, dans cette pièce,
trois points qui nous paraissent avoir quelque importance.

1° MM. les Vicaires capitulaires appellent le secret publié par
la Bergère « un prétendu secret ». Ces termes manquent de
netteté, et peuvent très-bien égarer le public.

A l'archevêché de Cambrai on *n'a jamais cru au miracle
de l'apparition.* On était donc conséquent avec soi-même en
rejetant tout secret. Ces mots « un prétendu secret » ont deux
sens. Le premier, qu'il n'y a pas eu de secret donné par la
Sainte Vierge, parce que ce n'est pas elle qui a apparu sur la
montagne, mais un être humain, ou un démon. Le second,
que le secret publié par Mélanie, n'est pas celui que lui a con-
fié la Sainte Vierge. Le premier sens paraît être le vrai, à cause de l'incroyance *ab initio* et persistante dans l'Archevêché
de Cambrai. Il y aurait donc, s'il en est ainsi négation du *miracle de l'apparition* de la Sainte Vierge, survenue après le
couronnement du 21 août 1879, par le Pape Léon xiii, ce qui
serait d'une grande gravité.

2° En parcourant *le Droit canonique,* on peut s'être aperçu
que la lettre signée « Card. Catérini » n'était ni un jugement,
ni un jugement sévère, ni une condamnation catégorique,
comme l'avaient dit faussement plusieurs semaines religieuses,
en septembre 1880 ; car un jugement favorable ou défavora-

ble était encore impossible, à cause de la très-longue instruction ou procédure qui devait précéder tout jugement. Peut-être
pour cette cause les vicaires capitulaires ont converti le jugement sévère en *un blâme sévère*, certains qu'ils étaient que
les fidèles, peu habitués à *subtiliser*, verraient dans ce *blâme
sévère* un *jugement de condamnation*.

3° Les Vicaires capitulaires n'ont *d'autorité*, et *d'autorité
momentanée*, que dans le diocèse de Cambrai ; mais ils on
voulu que toute la France catholique partageât leur sentiment.
Pour atteindre ce but, ils ont prié tous les journaux politiques
catholiques et toutes les feuilles diocésaines françaises de
reproduire leur Communiqué, et en effet nos deux journaux
catholiques de Marseille, la *Gazette du Midi* et *le Citoyen*,
ainsi que la *Semaine Liturgique* de notre ville, qui, depuis
quelque temps, ne paraît plus avec l'approbation épiscopale,
l'ont publié dans leurs colonnes. Ça été comme une sorte d'En-
cyclique *urbi et orbi*, limitée à la France, et lancée par un pouvoir d'un jour, qui demain ne sera plus.

Si c'est l'incroyance au miracle lui-même, et non au secret
seul, qui a inspiré le Communiqué, cette pièce est une protestation muette, mais bien réelle, contre le couronnement du
21 août 1879. Il est donc nécessaire que les auteurs de cette
lettre s'expliquent catégoriquement !

Déclaration de Monsieur l'abbé Bliard

à son lit de mort.

Monsieur l'abbé Bliard dont il a été beaucoup parlé dans les
pages qui précèdent, comme dans *notre Défense et explica-*

tion du secret de la Bergère (qu'il a publié à Naples, en 1873 et par extrait), est décédé à Reims le 28 janvier 1881, chez M. Joseph Bliard, son frère, professeur de sciences au collège des Révérends Pères jésuites.

Les derniers sacrements lui ont été administrés par un ami, bien dévoué à la Salette, par un chanoine et ancien vicaire-général dans un autre diocèse, le 16 du même mois, et en présence de la Sainte Eucharistie, M. l'abbé Bliard a témoigné de sa foi de la manière suivante :

» En ce moment, le plus solennel de ma vie, en présence de
» cette hostie, qui va devenir mon viatique, en présence de
» ce Dieu qui va devenir mon juge, je crois devoir affirmer
» l'authenticité des deux documents que la Bergère de la Sa-
» lette a déposés elle-même entre mes mains, l'un à Castella-
» mare, le 30 janvier 1870 ; contenant seulement une partie de
» de son secret, l'autre à Lyon, le 21 août 1878, comprenant le
» message intégral, qu'elle déclare avoir reçu de la Très-Sainte
» Vierge, en l'apparition du 19 septembre 1846 (il est en tout
» corforme à celui qui a été publié à Lecce.) Je fais cette dé-
» claration pour la plus grande gloire de Dieu et pour l'hon-
» neur de la Très-Sainte Vierge, pour le bien de l'Église et sur-
» tout pour le bien de notre pauvre France. Je veux qu'après
» ma mort, mon frère, Joseph Bliard, demeure dépositaire de
» ces deux documents pour les tenir à la disposition de l'auto-
» rité ecclésiastique ».

« Reims, le 16 janvier 1881, en la fête du saint nom de Jésus.»

Cette déclaration a été prononcée en présence de plusieurs ecclésiastiques, d'une religieuse garde-malade, et de plusieurs laïques.

TABLE

—

Pages

I.— La Salette est un miracle et une prophétie. Ceux qui repoussent le miracle repoussent aussi la prophétie. D'autres croient au miracle, et rejettent la prophétie. De là deux catégories de personnes qui se sont élevées contre le secret................................ 3

II.— Pourquoi on a rejeté le secret ; — on n'a pas voulu s'éclairer... 4

III.— Union de deux catégories qui repoussent le secret. Dénonciation du secret à l'*Index*, par l'évêque de Troyes. L'Index le renvoie à l'Inquisition............ 4

IV.— L'Inquisition n'a ni jugé, ni condamné le secret, le 14 août 1850. Lettre de S. Em. le cardinal Catérini.... 5

V. — Pourquoi l'évêché de Nimes a-t-il agi le premier contre le secret, au lieu de l'évêque de Troyes ? 6

VI.— Caractères du Communiqué de l'évêché de Nimes... 7

VII.— Réponse du 19 octobre 1880, aux douze Semaines religieuses, qui se sont élevées contre le secret, sur les 80 que possède la France. Le droit canonique prouve que l'Inquisition n'a ni jugé, ni condamné ce secret. Dilemme forcé, vrai sens de la lettre du cardinal Catérini 8

VIII. — Ceux qui repoussent le miracle lui-même, le font sans raison valable, et contrairement à la raison...... 10

IX.— Les *Directeurs* de Mélanie doivent être crus par les esprits *sérieux*, plutôt que ceux qui n'ont eu avec elle que des rapports transitoires, ou qui n'en ont jamais eu. 15

Pages

X.—- Les secrets ont été donnés aux enfants pour les révéler un jour. En cet état, la Sainte Vierge devait assurer leur transmission par les enfants à tout le peuple
de Marie.. 16

XI.— Les enfants n'étaient que de simples canaux de transmission. Un argument de plus............................. 17

XII.—On ne peut se servir contre le secret, des étrangetés
que l'on peut trouver dans la conduite de Mélanie, et
qui proviennent de diverses causes. Mélanie est toujours
restée sage et pieuse, malgré ces étrangetés, et toutes
les contrariétés possibles................................ 18

XIII.—La question de Mélanie et de sa conduite, est tout
à fait secondaire. La Bergère est au *second plan*, la
Sainte Vierge est seule au *premier plan*............. 19

XIV.— Les opposants au secret n'ont jamais voulu examiner si les reproches adressés à une partie du clergé
étaient contenus dans les Saintes Écritures.......... 20

XV.— Ils n'ont pas voulu non plus s'enquérir si les évènements annoncés par le secret jusqu'à nos jours, s'étaient
ou non accomplis.. 21

XVI.— Les larmes de la Sainte Vierge rendent vraisem-
blables les reproches adressés à une partie du clergé. 21

XVII.— Deux incidents. — premier incident. — reproduc-
tion du Communiqué de l'évêché de Nimes, moins le
dernier alinéa. — L'Ami du clergé..................... 22

XVIII.— Deuxième incident. — Article de la Semaine de
Cambrai, antérieur au décès du cardinal Régnier. Ce
cardinal n'a jamais cru au miracle de l'apparition.... 23

XIX.— La *Semaine de Cambrai* s'appuie sur la *Revue
des sciences ecclésiastiques*. Dires divers de la *Revue*.
On voit clairement qu'elle ne connaît rien à l'affaire de

Pages

la Salette. Elle se sert, bien mal à propos, des différences qu'une version tronquée et défigurée, présente avec le texte Bliard et le texte de la Bergère 26

XX.— La première différence se rapporte aux paroles publiques... 28

XXI.— La seconde différence se rapporte au secret. — C'est M. l'abbé Cloquet qui est seul en faute pour avoir fait des suppressions, des changements et des modifications dans le secret officiel...................... 29

XXII.— M. l'abbé Cloquet avoue les retranchements et changements qu'il a faits.............................. 31

XXIII.— Les paroles de Notre Seigneur, de Daniel et de Saint Paul peuvent bien signifier que l'antechrist naîtra de deux personnes consacrées à Dieu, telles qu'une religieuse et un évêque. Ce que dit la *Revue* prouve qu'elle ne connaît pas assez les choses de la Salette, pour pouvoir en parler sérieusement...................... 32

XXIV.— Légèreté extrême avec laquelle certains parlent des choses de la Salette.............................. 33

XXV.— Effets malheureux des retranchements et changements faits par M. l'abbé Cloquet................. 34

XXVI.— Un Communiqué des vicaires Capitulaires du diocèse de Cambrai. Déclaration de M. l'abbé Bliard à son lit de mort,.............................. 35

J. M. J.

Sit nomen domini Benedictum

Nîmes, Typ. Clavel-Ballivet et Cⁱᵉ, rue Pradier, 12.

SEUL PARTI

A PRENDRE.

AVIS AUX CONSULS.

. . . . Peut - être ,
Le Ciel pour nous sauver , les fit usurpateurs.

A PARIS,

Chez tous les marchands de nouveautés.

(1799. — AN VIII.)

SEUL PARTI

A PRENDRE.

AVIS AUX CONSULS.

Au moment de retomber sous la verge
sanglante d'une convention, composée
d'hommes altérés de sang, et relativement
à cette position, j'applaudis au résultat de
la journée du 19 brumaire; car de deux
maux il faut éviter le pis : mais ne consi-
dérant que les principes, je suis forcé de la
condamner. En effet, que vois-je jusqu'à ce
moment dans cette journée, semblable à
toutes celles qui se sont succédées depuis
dix ans ? Rien autre chose qu'usurpations
colorées du spécieux prétexte du bien public.

Après les 5 et 6 octobre , l'assemblée constituante proclama aussi que n'étant plus
contrariée dans sa marche , elle alloit faire
le bonheur du peuple ; cette déclaration nous
valut l'incendie , le pillage des châteaux et
le massacre des propriétaires. Le 10 août, le
trône renversé, l'assemblée législative tint le
même langage , qui produisit les massacres
des 2 et 3 septembre. Le 31 mai , semblable
proclamation , dont le résultat fut un crêpe
funèbre étendu sur toute la France. Le 9 ther-
midor , journée dont les suites furent plus
heureuses , parce que le peuple y prit une
part active , fut suivi de la famine (1). Le
18 fructidor nous rendit le règne de 93. Le
30 prairial enfin dont on fit un si sot éloge ,
et que les faiseurs traitoient de journée im-
mortel , qui devoit donner à l'Europe la paix
et l'abondance, enfanta l'emprunt forcé et la
loi sur les ôtages. Qu'avons-nous donc à es-

(1) Vraisemblablement pour l'empêcher de se méler
une autre fois des querelles de ses maîtres.

[5]

pérer du 19 brumaire ? Si nous jugions cette journée au flambeau de l'expérience , nous concluerions qu'où nous voyons les mêmes acteurs, nous devons craindre les mêmes résultats. Apprécions un peu ces hommes qui de leurs pleines autorités, se déclarent nos maîtres pour notre plus grand avantage , disent-ils ? Tâchons d'écarter , s'il se peut , l'éloge et la satyre, et sans un faux enthousiasme comme sans injustice , cherchons la vérité : voyons si dans leur naissance , dans leur gloire , dans leur moralité , enfin dans les actes de la puissance qu'ils ont exercé à diverses époques, nous pouvous y trouver une garantie de leurs promesses.

Sieyes , Provençal , chanoine de Tréguier, connu à l'assemblée constituante par ses talens , ses abstractions et son opinion sur le meilleur gouvernement, qu'il déclaroit alors être la monarchie , s'est montré à la convention *régicide sans phrases* , républicain sans énergie , et a été accusé, par l'opinion publique , d'avoir été le directeur secret de Robespierre : sa naissance , ordinaire , est sans prestige : il n'offre donc à notre confiance que ses talens, et peut-être une grande profondeur dans ses plans : jusqu'ici l'on présume cette dernière qualité.

Buonaparte, Corse, gentilhomme ordinaire, jeune officier d'artillerie, connu et employé par Fréron et Barras à la reprise de Toulon, au massacre de vendémiaire, à la fermeture du club de l'Odéon : après cette journée, devenu dangereux et suspect aux directeurs (1), par l'audace avec la-

____

(1) Aussi-tôt après l'établissement du Directoire, les jacobins triomphant de la journée du 13 vendémiaire, ouvrirent leur antre et s'établirent à l'Odéon. Fidèles à leurs principes, ils voulurent gouverner et ne voir, dans les directeurs, que les exécuteurs de leurs volontés : c'étoit, en conséquence, chaque jour des arrétés pris à l'Odéon sur les branches de l'administration publique et portés au Luxembourg, où l'on signifioit au Directoire l'ordre de les mettre à exécution. Les directeurs étoient indignés d'être sous la tutele, mais ne savoient comment secouer le joug; leur existence étoit entre les mains de la société qui

quelle il excutoit ses entreprises, ils l'envoyèrent prendre le commandement de l'ar-

---

les menaçoit journellement. Enfin un soir, Carnot, comme président, reçut une députation nombreuse, dont l'orateur prenant un ton impérieux et audacieux, lui annonça que la société venoit de faire un travail qu'elle chargeoit le Directoire de mettre à exécution : c'étoit une promotion générale de tous les *frères et amis* à toutes les fonctions publiques. Carnot leur répondit avec dignité et les congédia ; mais sur-le-champ convoqua ses collègues, et après leur avoir rendu compte de la scène qu'il venoit d'avoir, proposa de faire fermer ce foyer d'insurrections. Il eut beaucoup de peine à les déterminer à cet acte de rigueur ; ils trembloient ; ils y consentirent enfin : mais ils demandèrent à Carnot comment et par qui ils feroient exécuter cet ordre ? Par Bonaparte, dit Carnot. Chaque directeur manifesta alors ses craintes sur les vues ambitieuses de ce général, et Barras dit qu'il ne croyoit pas qu'il obéît ; tant mieux, dit Carnot, s'il refuse nous le destituerons. Mais s'il obéit, répliqua un autre membre, nous serons livré à lui après. Alors, répondit Carnot, nous l'enverrons commander ailleurs ; en conséquence, le général fut mandé, et Carnot lui remit l'arrêté du Directoire :

mée d'Italie, où on ne s'attendoit certainement pas qu'il obtiendroit des succès (1):

---

il étoit 9 heures du soir. Buonaparte, pour toute réponse, demanda à qu'elle heure on vouloit qu'il fut fermé; demain matin à 6 heures, répondit Carnot. Buonaparte à 5 déposa les clefs au Luxembourg.

Son départ pour l'Italie fut aussi-tôt arrêté entre les directeurs.

(1) Aussi-tôt que la révolution fut prise au Luxembourg d'éloigner Buonaparte, les directeurs craignant toujours un refus, cherchèrent une place qui, en satisfaisant son ambition, ne le rendit pas dangereux par des succès, mais le détermina à accepter. L'armée dite d'Italie et qui, à cette époque, n'étoit que sur les Alpes, manquoit de tout, étoit dans le plus pitoyable état. Ce fut cette armée dont on proposa le commandement à Buonaparte, après que les chances en eussent été calculées et démontrées par Carnot à ses collègues dans la proportion de 99 de perte contre un; ça les détermina à l'y envoyer.

On tient tous ces détails de Carnot même; l'expédition d'Egypte est la suite des mêmes craintes : c'étoit enfin dans les deux circonstances un honnête ostracisme.

du bonheur, du courage, des talens, l'esprit révolutionnaire et point de forces qui pussent lui résister, firent sa gloire militaire. C'est à la postérité à l'apprécier à sa juste valeur. Pour nous, le massacre des Parisiens, sa situation dans les plaines de la Carynthie, où il étoit enveloppé, sa conduite avec Venise pour se tirer de ce mauvais pas, la part prise au 18 fructidor, son arrivée à Paris, après cette journée, sa conduite pendant son séjour, son départ pour l'Egypte, son retour, ses discours à Saint-Cloud, où la postérité impartiale accordera le beau rôle à ses adversaires (1); tout cela n'annonce pas une tête à grande conception, ni beaucoup de moralité. Donc il ne nous reste, pour étayer nos espérances,

---

(1) Je répète que j'applaudis au succès de Buonaparte dans la journée du 19 brumaire ; mais j'eus desiré que l'exécution de son projet fût aussi grand que la conception ; j'eus souhaité qu'il ne fût entré dans la salle des 500 à Saint-Cloud que de manière à

que son bonheur, la confiance du soldat et l'étude de l'histoire qui lui offre un beau modèle (1).

Roger-Ducos, plébéien, conventionnel. C'est du coton entre deux verres.... Nous n'en parlerons plus.

Voilà donc les trois hommes qui, assis sur les débris d'un trône dont quatorze siècles d'existence promettoient la durée, remplacent une famille à qui une origine illustre, perdue dans la nuit du tems, imprimoit un caractère auguste, et dont l'administration glorieuse et paternelle n'a pu préserver de la chûte la plus terrible ; ce sont donc ces trois

---

n'être pas mis à la porte à coups de poings. C'est une scène de crócheteurs qui ne convenoit pas au vainqueur de l'Italie et au conquérant de l'Egypte.

Pour l'ennoblir, je sais que des narrateurs tragiques ont parlé de poignard : dans ce cas, *du côté des députés*, c'étoit la répétition du meurtre de César.

Et en vérité c'étoit fort beau.

(1) Révolution d'Angleterre.

hommes qui osent assurer que nous allons jouir d'un bonheur sans mêlange sous leur joug ! Ne pourroit-on pas leur dire : Vous vous êtes emparés des rênes de l'Etat sans notre consentement ; mais comme nous n'avons plus de volonté depuis dix ans, et que vous nous déclarez que c'est pour nous arracher aux meurtres et à l'expropriation, nous applaudissons ; mais ce n'est pas le tout, il faut nous en préserver pour l'avenir, et quel moyen nous proposez-vous pour atteindre ce but ? est-ce de conserver la puissance ? mais vous n'êtes que les successeurs d'hommes qui, après en avoir culbuté d'autres, avoient usurpé, avec autant de hardiesse que vous, l'autorité suprême ; comme vous, ils nous promettoient un avenir plus heureux : nous n'en avons cependant été que tyrannisés, et ils ont, à leur tour, été renversés. Sera-ce votre réputation, Buonaparte, et la confiance que le soldat a en vous ? mais celle de Pichegru sans taches, ne l'a pas empêché d'être conduit enchaîné au travers de la France , par ces mêmes soldats qu'il n'avoit jamais menés qu'à la victoire.

Sera-ce vos talens, Sieyes ? mais Barthélemi , jouissant de l'estime de sa nation et de celle de l'Europe , s'est vu enchaîné à côté de Pichegru , et a vu s'entr'ouvrir, à Sinamaris (1) , le tombeau de ceux qui y sont morts pour la patrie.

Tel est le langage qu'on auroit tenu le 20 brumaire , époque où les consuls victorieux (car il faut les appeler ainsi puisqu'ils le veulent) promettoient au peuple le bonheur; nous qui sommes habitués à entendre chaque parti promettre et ne point tenir,

------

(1) Sinamaris est un canton de Cayenne où il existe un fort et où les représentans proscrits , déportés après le 18 fructidor , ont été enfermés. C'est de cette prison d'où Pichegru , Barthélemi , Willot et Larue se sauvèrent ; c'est enfin dans cet exécrable lieu où sont déposés les derniers restes des représentans du peuple français , Murinais , vieillard de 80 ans ; Lafond-Ladébat , Barbé-Marbois., Gilbert-Desmolières , Tronçon-du-Coudray , l'abbé Brottier et Lavilleurnois.

nous n'y comptions pas beaucoup ; mais comme nous avions sondé avec froideur le gouffre où les jacobins vouloient nous engloutir, et que nous en connoissions toute la profondeur , nous avons vivement applaudi aux triomphes de Sieyes et de Buonaparte , en disant tout bas : Cependant, voyons-les venir avant de les juger; ils ont fait un grand bien , peut-être auront-ils le courage de remplir la brillante carrière qu'ils viennent de s'ouvrir; l'espérance est notre dernier sentiment, et certes! il faut qu'il ne nous abandonne jamais pour en avoir conçu sur le compte d'hommes qui se sont montrés si révolutionnaires , mais à tout pêché miséricorde , disoit-on ; qu'ils fassent le bien, et tout est oublié. Tel étoit le cri général ; aujourd'hui on est bien déchu en voyant la marche suivie par les consuls, depuis le jour qu'ils ont réuni en leurs personnes la souveraineté.

On a dit, avec un grand sens, que l'opinion est la reine du monde. Cette vérité a

toujours été tellement sentie, que les usur=
pateurs en la frondant, lorsqu'ils étoient
tout - puissans, n'ont cessé de l'invoquer
lorsqu'ils se sont disputé l'autorité. C'est ce
que l'histoire de la révolution nous prouve
à chaque page, et ce que nous venons de
voir le 19 brumaire. Dans cette journée et
suivantes, à l'exception d'un seul être qui
ne peut avoir ni envieux ni ennemis, le mépris n'en comporte pas, à l'exception, dis-je,
de *Boulay* (de la Meurthe) (1), tout le parti

____

(1) Cet intriguant étoit accusateur public près le
tribunal criminel du département de la Meurthe ;
il se contrefit si bien qu'il obtint d'être élu en l'an V
représentant du peuple. Dans le commencement de
la session du nouveau tiers, il intrigua sourdement
pour obtenir, parmi ses collègues, de la prépondé-
rance ; mais sa médiocrité, jointe au masque défa-
vorable qu'il tient de la nature, l'empêchèrent de
réussir : il se jetta alors dans le parti adverse, et
lui donna un gage de son servil dévouement, en émet-
tant son opinion sur les cultes et les ministres, où
il n'existe, comme dans tout ce qu'il dit et écrit, que

triomphant caressa le peuple, en condamnant le 18 fructidor, en prononçant anathême sur les suites, et en faisant l'éloge de ses victimes. Il paroissoit, aux discours de tous les orateurs, que le 19 brumaire n'avoit été opéré que pour réparer les maux du 18 fructidor et faire l'apologie des proscrits de cette journée. Un mois s'est déja écoulé de-

---

de l'astuce sans talens. Poultier, qui croit devoir quelque fois rire aux dépens des sots, fit un éloge pompeux de son discours, et le surnomma le petit Mirabeau ; le nom lui en resta : il eut la sottise de prendre au sérieux la plaisanterie de Poultier : la tête lui en tourna, et malgré les avis charitables de plusieurs de ses collègues qui saisissoient toutes les occasions de le ramener à sa médiocrité, il se crut un grand homme. Depuis cette époque, il n'a cessé de se montrer lâche et bas adulateur ; depuis Merlin jusqu'à Buonaparte, toujours aux pieds du vainqueur et écrasant les vaincus ; enfin, depuis la révolution, c'est le seul être qui ait développé autant de bassesse, jointe à autant d'orgueil : un seul homme pourroit rivaliser avec lui, c'est Bailleul.

puis ces déclamations pathétiques , et le
peuple , honteux de voir ses espérances trom-
pées , gémit encore sur le sort de ses fidèles
représentans proscrits. Mais , m'objectera-
t-on , on ne peut faire tout le bien à-la-fois ;
eh ! quel bien , grand dieu ! s'est-il donc
opéré depuis que les consuls ont la toute-
puissance ? est-ce le rapport de la loi des
ôtages ? mais le parti royaliste en faisoit
l'application aux parens et amis des gouvernans , et la rendoit ainsi terrible à ses
auteurs. Est-ce le rapport de la loi sur l'emprunt forcé ? mais çà ne pesoit que sur les
grandes fortunes ; la subvention de guerre
pesera sur tout le monde et produira davantage. Est-ce enfin dans les arrêtés des consuls
qui condamnent à la déportation 64 jacobins,
et qui ensuite se contentent de les mettre
sous la surveillance des communes qu'on leur
désignera ? Dans le premier , je vois l'abus
le plus coupable de la puissance ; dans le
second , un acte de foiblesse ; dans tous
deux l'oubli total des principes et l'arbi-
traire

traire le plus atroce ; car qui assurera aux citoyens paisibles que, sous une dénomination quelconque, ils ne seront pas frappés par un semblable arrêté? Je ne connois de garantie que le règne des lois, et toutes les fois que des hommes y substitent leurs volontés, je n'y vois que des tyrans.

Convenons-en franchement, la révolution du 19 brumaire n'est que la répétition de toutes celles qui l'ont précédées, et nous n'en recueillerons d'autres fruits qu'un changement de maîtres, gouvernans d'après les mêmes principes. Eh! comment cela pourroit-il être autrement! tout homme usurpant l'autorité et proclamant l'absurde système de république, ne peut et ne doit employer que des républicains, et qui dit républicain, entend révolutionnaire; il se jette donc dans le tourbillon des crises, qui, par leur nature, doivent l'engloutir et faire naître son successeur. C'est une chose vraiment extraordinaire que l'expérience des révolutions de tous les peuples, jointe à celle de la nôtre, soit absolument perdue pour ces hommes audacieux, sans génie comme sans prévoyance qui, comptant sur leur bonheur, prétendent terminer la révolution, hériter de ses victimes et jouir en paix de leurs usurpations. O vous, mânes de Vergniaud, Danton, Robespierre, exhumez-vous! et venez apprendre à ces hommes, aveuglés par leurs passions, qu'il n'y a qu'un sincère retour à la monarchie, dans le prince légitime (1), qui puisse assurer leur existence; apprenez-leur que l'ambition, même la gloire, cachent derrières elles, l'exil, le poison, l'échafaud; dites-leur enfin que la nuit des tombeaux se lève sur tout homme qui, dans une république, ose dépasser le niveau de l'égalité; et que le jour où il se place au-dessus de ses concitoyens, il entr'ouvre sa tombe. Et toi, Cromwel! heureux usurpateur pendant dix ans; toi, dont l'ascendant

—————————

(1) Par-là, nous entendons le plus proche héritier du trône, soit par mort, soit par abdication.

du génie, contint la férocité inquiète de tes compatriotes, dis-leur que tu fus assez heureux pour mourir à propos; que tout étoit mûr pour le rétablissement de Charles II, et que les lois invariables de la nature t'eussent fait périr sur un échafaud, si ta fortune ne t'eût fait descendre au cercueil. Après un pareil exemple, qui osera se flatter d'enchaîner les événemens! Les talens de Cromwel même ne les maîtriseroient pas aujourd'hui ; et quel est l'homme de notre révolution qui osera se comparer à lui ? aucun, sans doute.

Je le dis sans haine et sans passion, dix ans de tourmente révolutionnaire ne nous ont produit que des Domitiens et des Caligula (1); j'en appelle pour la vérité du parallèle, aux hommes instruts, aux veuves, aux orphelins, et à ces mânes plaintives qui, errant sans

---

(1) Empereurs romains, odieux à la postérité par les cruautés qu'ils exercèrent contre leurs concitoyens. *Révol. romaines.*

cesse dans nos cités , nous retracent leurs supplices et perpétuent nos regrets.

Sieyes , *Buonaparte*, vous tenez les rênes de l'état, vous pouvez plus ou moins de tems les conserver ; mais votre chûte est certaine ; et vous n'obtiendrez pour immortalité que la haine de vos compatriotes, si vous ne les remettez entre les mains du roi légitime ; si la passion de la vraie gloire ne vous anime pas , si celle qui environne la mémoire de Monk (1), seul modèle que les circonstances vous permettent d'imiter , n'échauffe pas vos ames , que votre intérêt particulier vous dirige. Trop instruits pour vouloir conserver l'autorité , quelles sont les mains entre lesquelles vous la déposerez ? qui vous répon-

----

(1) Général anglais qui , après la mort de l'usur- pateur Cromwel, rétablit Charles II, fils de Charles I , qu'une convention nationale anglaise avoit fait périr sur l'échafaud , le rétablit , dis-je , sur le trône de ses pères , et reconstitua la monarchie anglaise. Il fut comblé d'honneurs et de dignités par son souve- rain , et l'histoire lui a décerné de justes éloges.

dra de la jouissance paisible de vos fortunes, de votre vie même ?

Sera-ce dans la balance des pouvoirs, que
vous croirez avoir bien établie dans nue
constitution nouvelle ? Mais vous savez mieux
que personne, qu'un bataillon de grenadiers
la bayonette au bout du fusil, entrant au pas
de charge dans le sanctuaire des lois, fait
pencher cette balance en faveur de celui qui
le dirige. Sera-ce en élevant un usurpateur ?
mais quelque soit sa naissance, il y aura toujours le parti des principes, qui en éterni-
sant l'opposition, peut-être la guerre civile,
nous conservera en révolution et menacera
sans cesse votre exitence.

Vous n'avez donc d'autre refuge, que dans
le rétablissement de la monarchie dans la personne de Louis XVIII (1). Connoîtriez-vous

____

(1) En disant Louis XVIII, je crois, comme tous
les Français, que Louis XVII n'existe plus ; si la
politique nous l'avoit conservé, il est clair que c'est
son rétablissement que j'invoque, conformément au
grand principe de l'hérédité du trône.

assez peu l'opinion publique , pour douter que ce ne fût le vœu de la France ? Consultez-là , que le peuple convoqué et réuni en assemblées primaires déclare librement quel est le gouvernement qu'il veut : si vous craignez que les partis puissent encore influencer la détermination , reportez - vous à l'époque où la sagesse présida à la rédaction de ses volontés exprimées dans les cahiers envoyés aux états généraux , et conformez-vous y ; quoique je sois convaincu que la révolution a nécessité de grands changemens dans divers articles.

Seriez-vous assez abusés pour croire que le peuple tient à ce gouvernement anarchique où quelques hommes régnent tour-à-tour sous le nom de république ? Pour vous convaincre du contraire , jettez un coup-d'œil sur notre situation ; la confiance est détruite , le commerce est remplacé par l'agiotage , les villes manufacturières sont dans la misère , vos institutions sont méprisées , vos magis-trats avilis , tout esprit national est anéanti.

23

Çà renaîtra sans doute, sous l'arbre antique
de la monarchie, dont la tige majestueuse
recevra du ciel des rosées bainfaisantes, qui
en affermiront les racines ; tandis que votre
arbre de liberté, imbibé du sang dont vous
n'avez cessé de l'arroser, n'a jamais pu
croître. Ouvrez donc enfin les yeux et pro-
fitez de votre puissance pour en éterniser le
souvenir par un bienfait durable : vous le
savez, les dignités et les honneurs relèvent
quelquefois aux yeux de son siècle la médiocrité intriguante ou heureuse, mais ne fait
jamais illusion à la postérité. Elevez donc
vous-mêmes le piedestal, où la nation pla-
çant vos statues et vous proclamant les res-
taurateurs de la monarchie française, vous
assignera une place à côté des hommes cé-
lèbres, qui ont illustré les siècles passés ;
le temple de mémoire est ouvert, vous pouvez y entrer et enrichir la collection des
grands hommes ; mais si vous ne saisissez
l'instant, il se refermera pour jamais.

Et vous, mes chers compatriotes ! dont les

opinions, depuis dix ans, causent les divi-
sions, repassez tous les crimes qu'elles ont
produits. Des millions d'hommes égorgés,
plus de mille combats dans l'intérieur, où
le sang français a coulé par la main des
Français; de lâches tyrans profitant de vos
dissentions pour faire périr sur les échafauds
ou dans l'Océan (1) les malheureux échappés
à la guerre; les meurtres, les massacres de
sang-froid applaudis comme des actions
équitables, des enfans arrachés des entrail-
les palpitantes des mères, pour être portés
au bout des baïonnettes (2), et le plus ver-

------

(1) Noyades de Nantes, mariages républicains;
invention de Fouché, ministre actuel de la police.

(2) Dans la guerre de la Vendée les soldats républicains entroïent dans Nantes portant des petits
enfans au bout de leurs fusils et ayant à leur tête les
généraux Thurau et Tunck, et leurs aides-de-camp,
ainsi que Lelièvre, commandant le premier bataillon
de la Montagne de Rouen, qui avoient en place de
cocarde, les oreilles des victimes qu'ils venoient
d'égorger.

tueux de vos soixante-dix rois périssant sur un échafaud.

Français ! que l'aspect de tant de démence et de crimes , qui , du peuple le plus doux , vous a transformé en un peuple de tigres , vous fasse tirer un voile sur le passé , et ramène parmi vous la concorde ; jurez, sur le corps sanglant de Louis XVI , que vous oublierez vos affreuses querelles , et que , désormais ralliés au tour du trône , vous serez unis ! Et toi , ombre auguste et révérée , reçois au nom de toute la France et de son siècle , l'amende-honorable que nous te faisons pour cet assassinat , prix si différent de celui que méritoient tes vertus ! La postérité te rendra ses hommages , et les Français qui naîtront se prosterneront sur ta tombe , et la baigneront de leurs larmes !

F I N.

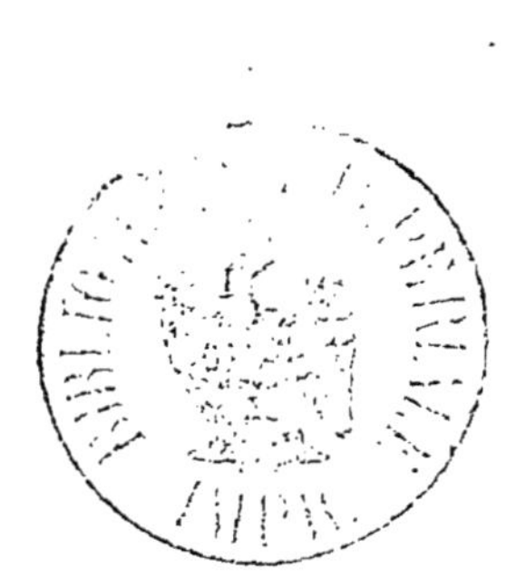

www.ingramcontent.com/pod-product-compliance
Ingram Content Group UK Ltd.
Pitfield, Milton Keynes, MK11 3LW, UK
UKHW020909140726
13695UKWH00006B/2420